Sunnhild Reinckens

Puppen zum Liebhaben

Letzte Zahlen maßgebend
Auflage: 5. 4. 3. 2. 1.
Jahr: 1989 88 87 86 85

ISBN 3-7724-1027-8 · Best.-Nr. 1027 · © 1985 frech-verlag GmbH + Co. Druck KG Stuttgart · Druck: Frech, Stuttgart-Weilimdorf
Fotos: Volker Uphoff, Hannover · Grafik: Angelika Knöpfle · Puppenkleider: Inge Bitter · Anschrift der Autorin: Sunnhild Reinckens, Fiedelerstraße 12, 3000 Hannover 81.

Ein Püppchen zum Liebhaben *ist der Wunsch aller Kinder. Es soll möglichst weich sein, waschbar und im Ausdruck kindlich-lieb, d. h. nicht starr und „erwachsen“. Es selbst herzustellen, ist bei entsprechender Anleitung nicht zu schwierig. Aus längjähriger Erfahrung weiß ich, daß es jeder kann, der Lust und Liebe, Geschick und Phantasie mitbringt.*

Der pädagogische Wert einer selbstgearbeiteten Puppe ist groß. Weil diese Puppen nicht zu vollkommen sind und aus weichem Material gearbeitet werden, wecken sie Zärtlichkeit und Zuneigung.

Ich habe die Erfahrung gemacht, daß sowohl Jungen als auch Mädchen gern mit Puppen spielen. Das Vorurteil, das vor allem noch bei Großmüttern besteht, Puppen seien nichts für Jungen, ist überholt, denn Jungen sollen und wollen später einmal liebevolle Väter werden.

Eine der allerersten Puppen, die ich anfertigte, bekam der dreijährige Jörg. Seine geliebte „Maidi“, die – immer wieder gewaschen und geflickt – zur Lumpenpuppe wurde, begleitete ihn durch seine Kindheit und war für ihn als Einzelkind nicht nur Puppentochter, sondern auch Schwesterersatz.

Aber nicht nur die Herzen der Kinder erreichen diese Puppen, sondern auch die von Erwachsenen, in besonderem Maße von alten und kranken Menschen. Daher werden sie gern in therapeutischen Einrichtungen hergestellt und dort ebenso geliebt.

Es gehört zu einer guten Puppe, daß das Material „echt“ ist. Wir verwenden also Baumwolle und für die Haare gute Wolle. Auch zum Füllen nehmen wir Schafwolle oder eine Schaf-Mischwolle. Die Schnitte und Größen, die überall angegeben sind, lassen sich abwandeln; für die Körper können auch andere Stoffe verwendet werden.

Vor 15 Jahren hatte ich das Glück, diese Puppen bei der hannoverschen Waldorf-Lehrerin Lieselotte Bosse kennenzulernen und eine Zeitlang mit ihr zusammenzuarbeiten. Diese Kenntnisse konnte ich seither weitervermitteln. Dafür bin ich Frau Bosse sehr dankbar.

Doch nun beginnen wir mit unseren Püppchen.

Viel Spaß!

Ihre Sunnhild Reinckens

Große Puppenkinder für kleine Mädchen

Diese Puppen sind so groß wie ein richtiges Baby. Sie sind gefertigt aus der Schlauchgröße 12, 65 cm lang. Die drei Puppen mit dicken Zöpfen, der Junge und das Baby sind schon lange treue Spielgefährten der beiden Mädchen.
Die Herstellung ist beschrieben bei der „Strickpuppe“, Seite 20. Achten Sie beim Abbinden des Halses unbedingt auf genügend Wolle, damit das schwere Köpfchen nicht wackelt.

Beliebt ist die Baby-Puppe, der Sie die Erstlingsgarnituren der eigenen Kinder anziehen können. Damit das Baby krumme Beinchen erhält, werden sie in der Kniekehle eingeknickt und dort fest zusammengenäht.

Ein Tip: Nach der Geburt ihres zweiten Kindes kann die Mutter dem älteren ein Puppenbaby mit nach Hause bringen, um der Eifersucht vorzubeugen.

Wie der Puppenkopf entsteht

Der Kopf: Das Wichtigste beim Puppenmachen ist der gut gearbeitete Kopf. Durch ungenaues Arbeiten kann er leicht deformiert oder „alt“ aussehen.

Eigentlich ist es gar nicht schwer, einen schönen Kopf zu formen. Stellen Sie sich ein Kinderköpfchen von der Seite vor. Auffallend sind immer die schöne runde Stirn und die oft dicken, runden Bäckchen. Meist ist das Näschen winzig.

Unsere Puppenkinder sehen ohne Näschen genauso niedlich aus wie mit Näschen. Wenn Sie eine Nase arbeiten, sollte sie klein und „stupsig“ sein. Zu starke, runde oder lange Nasen geben dem Gesicht leicht einen erwachsenen oder auch kasperhaften Ausdruck.

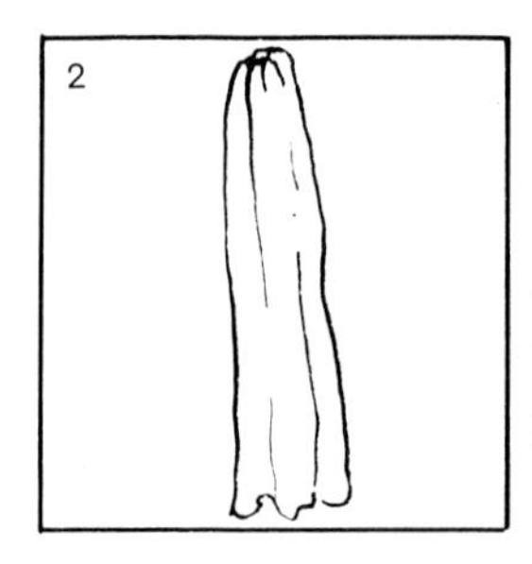

Wichtig beim Abbinden sind zwei Linien:

A die Augenlinie
B die Bäckchenlinie

Sie können bei unserem Kinderkopf diese Vertiefung deutlich erkennen.

Wir beginnen mit einem mittleren Püppchen

Dafür formen wir einen Kopf aus der Schlauchgröße 6. Schlauchbinden gibt es in den verschiedensten Größen (1, 3, 6, 8, 10, 12) in der Apotheke. Sie eignen sich gut zum Formen des Kopfes, da sie elastisch und sehr haltbar sind. Die Länge des Schlauches richtet sich nach der Größe der Puppe. Er muß so lang sein, daß Kopf und Rumpf in ein Schlauchende hineinpassen.

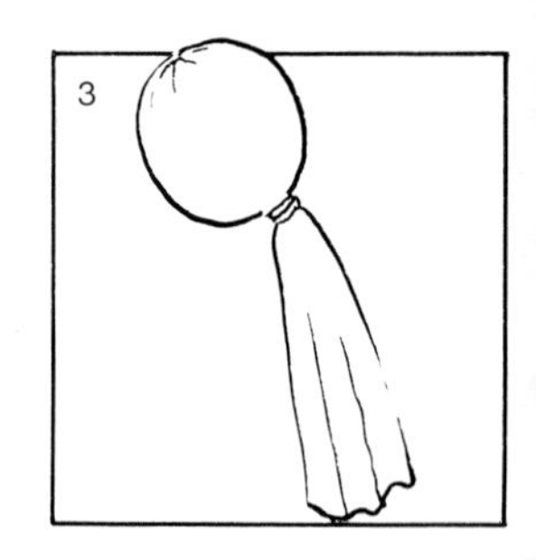

Material: 25 cm langer „Trikotschlauch“, 6 cm breit, festes Leinengarn, Füllwolle (ca. 40 g), eingefärbter Trikot (beige), Nähzeug, Ponal.

1. Der Schlauch wird an einem Ende oberhalb knapp und sehr fest umwickelt und verknotet. Überhängende Fäden abschneiden (Abb. 1).

2. Der Schlauch wird umgedreht (rechts und links gibt es bei den Schläuchen nicht) (Abb. 2).

3. Nun wird eine große Handvoll Wolle (ca. 40 g) fest in den Schlauch gestopft, so daß ein dickes „Bällchen“ entsteht (Abb. 3). Sie zupfen etwas Wolle aus dem Hals heraus und halten den „Kopf-Ball“ fest mit der linken Hand zusammen. Mit der rechten Hand wickeln Sie einen festen Leinenfaden mehrere Male fest um den „Hals“. Wenn Sie zu wenig Wolle im Hals haben, wackelt das Köpfchen.

4. Der Kopf hat die richtige Festigkeit, wenn der „Ball“ bei der Druckprobe nur wenig Widerstand zeigt.

5. Drücken Sie das Köpfchen länglich-eiförmig und beginnen mit dem eigentlichen Abbinden.

6. Nehmen Sie einen ca. 1,20 m langen Leinenfaden und wickeln das Ende zwei- bis dreimal um den kleinen Finger Ihrer linken Hand. So kann der Faden beim Wickeln nicht fortrutschen. Den Kopf nehmen Sie ebenfalls in die linke Hand. Mit der rechten fassen Sie den Faden knapp über dem gewickelten Finger an und legen ihn dreimal um die Kopfmitte. Sie ziehen ihn so fest zusammen, daß eine „Augenlinie", d.h. eine Vertiefung, entsteht. Der Faden darf nicht zu fest, aber auch nicht zu locker sitzen.

7. Nun lassen Sie den kleinen Finger los und verknoten die Fäden dreimal an der Seite (Abb. 4).

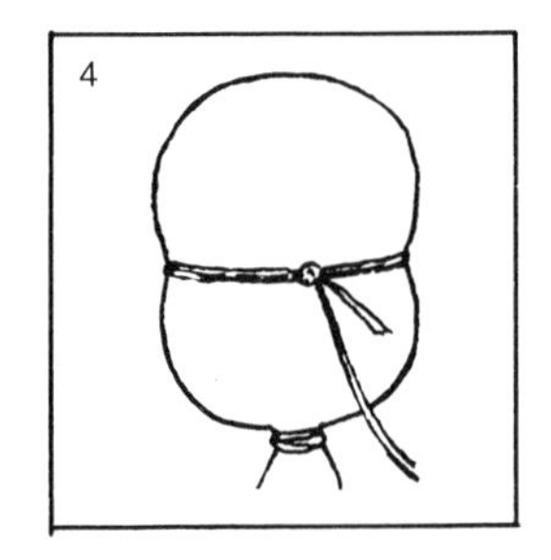
4

8. Der Faden ist noch lang genug und wird nun über die „Fontanelle", d.h. über die Mitte des Kopfes gelegt und vorne vor dem abgebundenen Halsfaden zweimal **stramm** gewickelt. Stellen Sie sich vor, daß Sie einen Kinnriemen haben oder eine Wollmütze mit den Fäden vor dem Kinn zusammenziehen. Die restlichen überhängenden Fäden werden wieder an der gleichen Stelle an der Seite fest verknotet, so daß auf dieser Stelle sechs feste Knoten sind (Abb. 5).

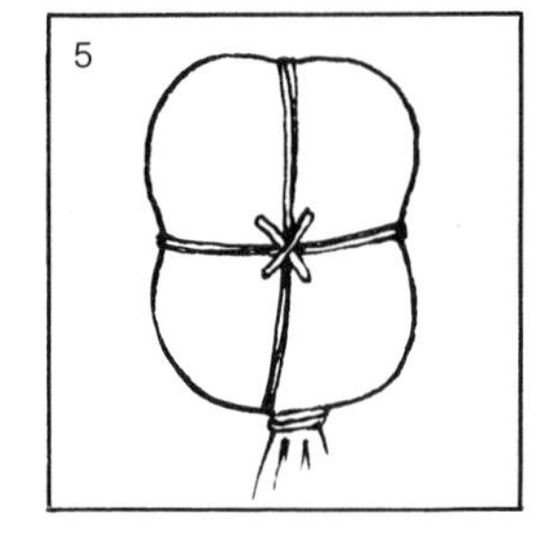
5

9. Der Faden ist noch lang genug, um die Reste einzufädeln und **beide** Seiten „rechts und links" wieder gut und fest zu vernähen (die sog. „Ohrenkreuzchen"). Die Hauptarbeit ist nun getan. Das kleine Köpfchen sieht jetzt wie „geviertteilt" aus.

Aber der **Hinterkopf** fehlt noch.
Das ist keine Schwierigkeit mehr. Da die „Ohrenkreuzchen" vernäht sind, kann der erste Faden (Augenfaden) nach hinten heruntergezogen werden – bis knapp 1 cm zum Halsansatz. Die Wolle rutscht nach oben und wird durch den heruntergezogenen Faden von unten festgehalten. So entsteht der Hinterkopf. (Abb. 6).

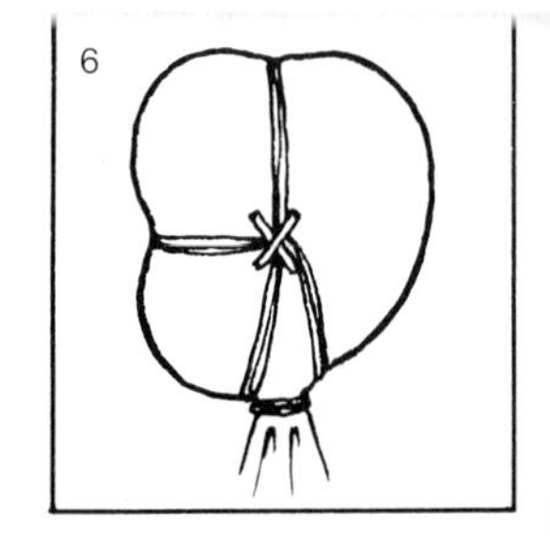
6

Wenn Sie den Puppenkopf nun mit dem Kinderkopf vergleichen, sehen Sie, daß die Grundform des kindlichen Gesichtes durch diese einfache Abbindetechnik genauso hervortritt.
Sollten Sie kein Näschen machen, können Sie gleich den Kopf mit Trikot überziehen. Wünschen Sie aber ein Stupsnäschen, müssen Sie es jetzt einarbeiten.

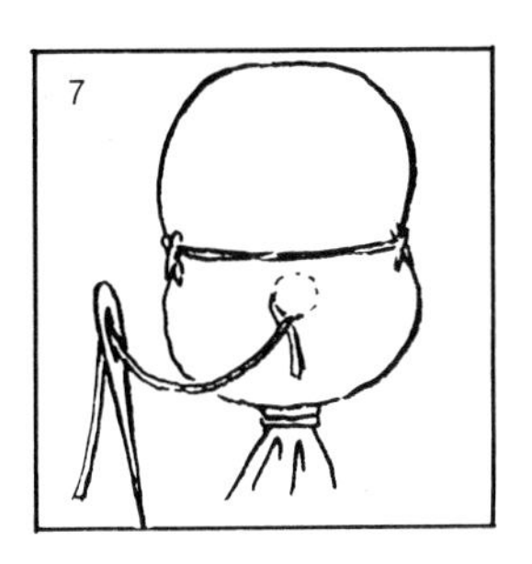

Nase: Unterhalb des Augenfadens (genau in der Mitte!), ca. 2 bis 3 Maschen tiefer, „pulen" Sie mit einer großen Nadel oder mit den Fingerspitzen einen kleinen runden Hügel heraus. Diesen „Nasenhügel" umkräuseln Sie mit einer feinen Nadel und Sternzwirn und ziehen ihn fest zusammen. Achtung! Machen Sie das Näschen nicht zu groß (Abb. 7).

Der „Nasenhügel" wird gut vernäht und sehr dünn mit Ponal eingestrichen.

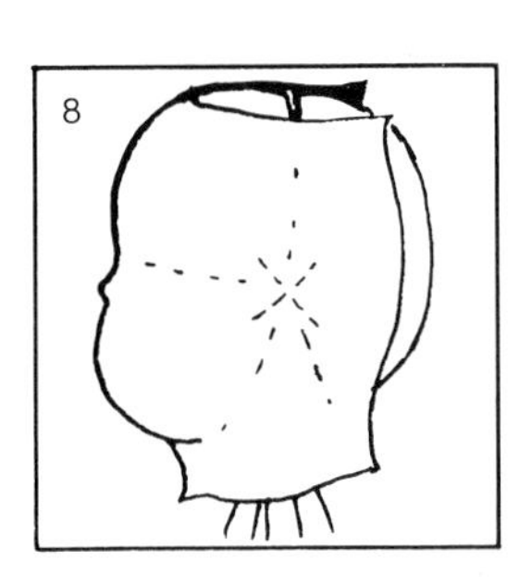

Damit das Näschen auch nach langer Benutzung intakt bleibt (der Trikot spannt an der überzogenen Stelle besonders stark), klebt man ein rundes Trikotpflaster auf die Nase, bevor ein rechteckiges Stück Stoff stramm über das Köpfchen gespannt wird. Das bietet eine zusätzliche Sicherheit, falls die Nase „durchkommt" (Abb. 8). Das Näschen ist fertig!

Das rechteckige Stück Stoff (es geht an jeder Seite 2 cm über) wird stramm über das Köpfchen gezogen, am Hinterkopf festgesteckt und am Nacken eng eingeschlagen (Abb. 8).

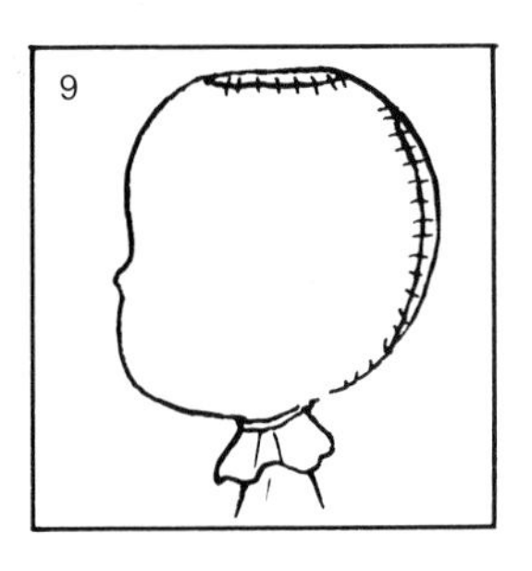

Mit festen Stichen kann nun diese „Haut" auf den Kopf genäht werden (Abb. 9). Bitte fest in die Kopfwolle hineinnähen, damit die Haut nicht wie eine „Mütze" wieder abgezogen werden kann. Man beginnt mit dem Nähen an der Kopfmitte und wickelt am Ende des Kopfes den Faden stramm um den Hals, so daß keine Falten entstehen.

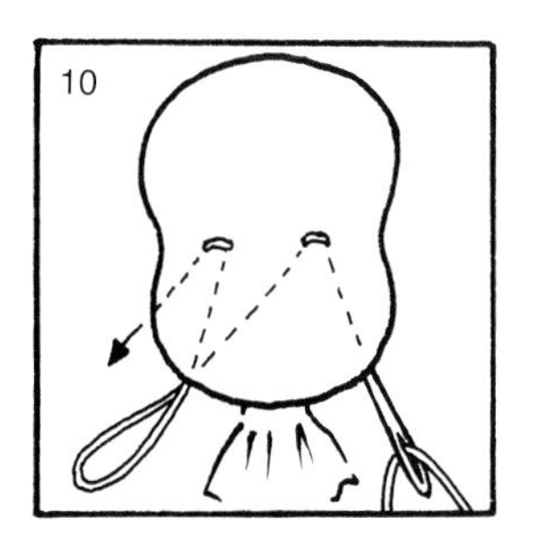

Die Augenhöhlen: Unser Köpfchen ist fertig und mit „Haut" bespannt. Jetzt aber soll das Püppchen „sehen" können. Stecken Sie zwei runde Stecknadeln als Markierungspunkte in das Gesichtchen, und zwar genau in den Faden der Augenlinie (auf gleichen Abstand achten!). Sie nehmen den Kopf in die linke Hand und ziehen eine **lange, spitze** Nadel mit einem vernähten festen, langen Faden schräg von der linken Seite des Kopfes durch zum linken Auge, stechen mit der Nadel eine ca. 2 mm lange Vertiefung hinein und kommen diagonal auf der rechten Seite heraus. Von dort gehen Sie mit dem Faden wieder durch den Kopf zum anderen Auge, stechen wieder eine Vertiefung hinein und gehen mit dem Faden auf der gleichen Backenseite wieder heraus (Abb. 10). Wichtig ist, daß Sie den Faden gut vernähen, damit die Augenhöhle sich nicht wieder lösen kann. Nun ist das Puppengesicht viel plastischer und lebendiger!

Das Haaresticken

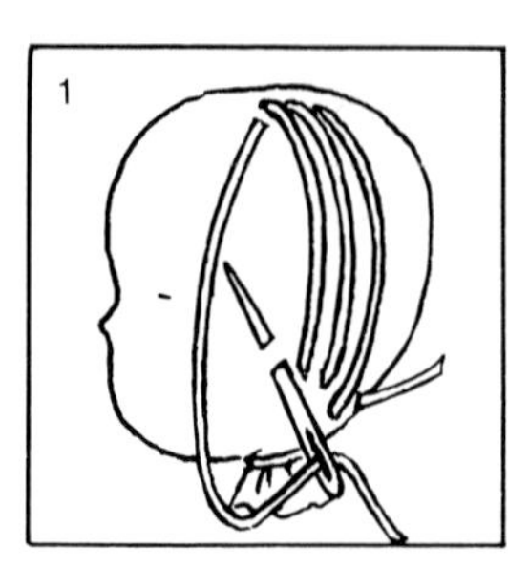

Fast alle unsere Puppen haben aufgestickte Haare, keine aufgeklebten. Am besten eignet sich dafür der Spannstich. Mit einem weichen Bleistift deuten wir die Konturen auf dem Köpfchen an und wissen somit, wie weit die Haare ins Gesicht reichen sollen.
Von der Kopfmitte aus sticken wir mit langen Spannstichen den Kopf kreisförmig voll (Abb. 1). Gut ist es, wenn die erste Runde nicht zu fest vorgestickt wird und anschließend die Zwischenräume ausgefüllt werden. Eventuell muß man drei- bis viermal das Köpfchen vollsticken, damit keine „Haut“ mehr durchscheint (Abb. 2). Damit der Haaransatz natürlicher aussieht, sticken Sie ins Gesicht kurze und lange „Ecken“. Natürlich können Sie so auch einen geraden und exakten Pagen- oder Jungenkopf sticken.

Jungenfrisuren

Der „Mecki“- oder Wuschelkopf: Diese Frisur erfordert Geduld und Ausdauer, sieht aber besonders hübsch aus.
Beim Mecki- oder Wuschelkopf werden einzelne Schlingen kreisförmig fest in den Kopf hineingestickt (Abb. 3). Stich an Stich wird der Kopf immer bedeckter, bis man im innersten Kreis angelangt ist (Abb. 4). Zum Schluß werden die einzelnen Schlingen aufgeschnitten, gestutzt – evtl. über dampfendes Wasser gehalten – und geradegeschnitten. Die Meckifrisur sieht besonders niedlich aus bei einem stupsnasigen, sommersprossigen Jungen (Foto links oben).

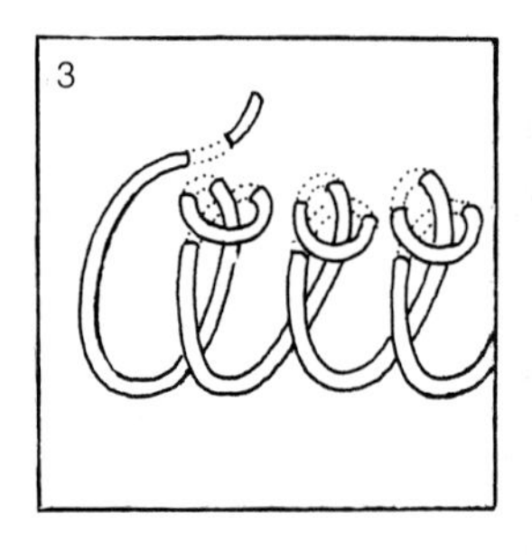

Lockenfrisur: Locken sind einfacher. Hier werden die Schlaufen nur in den Kopf genäht, so daß kleine Bogen entstehen; jede vierte bis fünfte Schlaufe wird fest angezogen. So kann man quer über den ganzen Kopf sticken und die Zwischenräume ausfüllen (Abb. 3 und 4). Niedlich sieht es aus, wenn man winzige „Kruschellöckchen“ in die Stirn stickt. Diese Frisur eignet sich gut für kleine Neger. Man kann auch aus Fellresten niedliche „Frisuren“ herstellen; das zeigen die beiden unteren Fotos.

Mädchenfrisuren

Den Puppenmacher reizt es natürlich, die verschiedenen Typen durch unterschiedliche Frisuren besser herauszuarbeiten.

Wichtig ist, daß die Haare fest aufgenäht werden, damit die Puppenkinder auch frisiert werden können. Aufgenähte Wollperücken eignen sich für unsere Puppen nicht. Die Haare sollten immer fest mit dem Kopf verbunden sein.
Für Mädchenhaar eignet sich am besten flauschiges Mohairgarn. Es gibt heute so wunderschöne Wolle, daß einem die Auswahl recht schwer fällt. Eine wirklich gute, lange, spitze Stopfnadel mit großem Öhr für die verhältnismäßig dicke Haarwolle zu finden, ist schier unmöglich. Ich sticke die Haare immer mit doppeltem Faden, damit der Untergrund gleich recht dick wird.

Pferdeschwanz (Foto rechts oben): Der Kopf wird mit Spannstich umstickt, Anfang und Ende des Fadens läßt man hängen, so daß ein Schwänzchen entsteht. Sollte die gewünschte Haarmenge nicht ausreichen, müßten mit Knüpfstich weitere Fäden hineingeknüpft werden (Abb. 1).

Knoten („Dutt“): Der Pferdeschwanz wird fest geflochten und zu einem „Dutt“ gelegt, der mit kleinen Stichen festgenäht wird.

„Krönchen“: Der Pferdeschwanz (möglichst aus Mohairwolle) wird über den Finger gedreht, zum Krönchen geformt und festgesteckt (Abb. 2).

Zöpfe, Schnecken, Affenschaukeln: Bei langen Haaren, die geflochten werden sollen, kann man den Untergrund auf zweierlei Weise sticken – entweder vom Mittelpunkt ausgehend mit Spannstichen oder von einem Mittelscheitel ausgehend je einmal rechte, linke und hintere Kopfseite deckend. Dadurch entsteht ein Mittelscheitel.

Will man einen dicken Pony, werden oberhalb der Stirn 2 Reihen Schlaufen gestickt und dann aufgeschnitten (siehe Jungen-Wuschelkopf); erst dann kommt der Spannstich. So liegt der Pony unter dem glatten Haar, was viel natürlicher aussieht (Zeichnung 4).

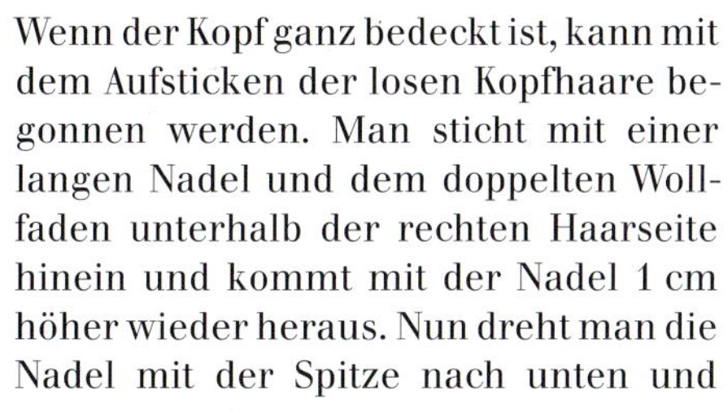

Wenn der Kopf ganz bedeckt ist, kann mit dem Aufsticken der losen Kopfhaare begonnen werden. Man sticht mit einer langen Nadel und dem doppelten Wollfaden unterhalb der rechten Haarseite hinein und kommt mit der Nadel 1 cm höher wieder heraus. Nun dreht man die Nadel mit der Spitze nach unten und geht durch die ersten Stiche des doppelten Wollfadens wieder zurück. Der Faden wird nun abgeschnitten. Dieser Stich wird auf jeder Seite mehrere Male ausgeführt und dann 1 bis 2 cm „versetzt“ nach oben wiederholt, so daß auf jeder Seite des Kopfes eine ausreichende Haarmenge herunterhängt.

Das Anmalen des Gesichtes

Material: Gute Holzbuntstifte, ein roter Wachsfarbstift, Redisfeder und Federhalter, Stoffmalfarbe.

Unser Köpfchen ist fertig. Jetzt folgt der entscheidende Arbeitsvorgang, der den Ausdruck verleiht – das Anmalen des Gesichtes. Viele haben davor etwas Angst, aber es ist gar nicht so schwer, und auf einem Stückchen Stoff kann man es zunächst üben.

Wichtig ist, daß Augen und Mund ein gleichschenkliges Dreieck bilden (Zeichn. 2). Diese drei Punkte (zwei Augen und der Mund) werden mit Stoffmalfarbe zart aufgetragen. Die Farbe wird kräftig durchgeschüttelt, so daß etwas im Deckel bleibt. Mit einer kleinen Feder wird ein runder Punkt, den man langsam vergrößert, in die Augenhöhlen gemalt. Rechts und links des Punktes kann man die Augen etwas verlängern (Foto 2). Mit der roten Stoffmalfarbe malt man jetzt auf dem unteren Punkt des gedachten (evtl. leicht vorgezeichneten) Dreiecks die Kontur für den Mund und vergrößert sie ein wenig nach rechts und links außen (Foto 3).

1

Wichtigstes Gebot beim Anmalen: Weniger und zarter ist besser als ein Zuviel! Ein Puppengesicht verliert den kindlichen Ausdruck, wenn es zu stark angemalt wird.
Die Bäckchen werden leicht mit einem roten Bunt- oder Wachsmalstift angemalt (Bild 4).

Ungünstig ist, daß das Puppengesicht durch ein Zuviel an Farbe leicht „verdorben" werden und ein „Verzeichnen" nicht wieder entfernt werden kann. Es ist deshalb sinnvoll, die Konturen vorher mit Buntstiften leicht anzudeuten.

2

Beispiele fürs Anmalen (Bild 5): Schlichtes Babygesicht – aus drei Punkten bestehend – freundliches Puppengesicht, sommersprossiges, etwas frech grinsendes kleines Mädchen. Um die Augen ausdrucksvoller erscheinen zu lassen, kann man **sehr vorsichtig** mit einer spitzen Feder etwas weiße Farbe in die Augenecken und einen kleinen Lichtpunkt in die Mitte der Pupille setzen.
Beim Negergesicht müssen Mund und Augen zweimal weiß grundiert werden. Erst wenn diese Farbe trocken ist, kann man Schwarz oder Braun für die Augen und Rot für den Mund auftragen.

Sommersprossen: Kleine Punkte werden mit einer spitzen Feder zart um das Näschen verteilt.
Ein Vorteil der Stoffmalfarbe: sie ist haltbar und das Gesicht verliert in der Wäsche nicht sein Aussehen. Nur die Bäckchen müssen evtl. nachgemalt werden.

Das Nicki-Püppchen

Sie haben nun gelernt, wie die Abbindetechnik geht, wie das Gesicht angemalt wird und wie die Haare gestickt oder Perücken genäht werden. Nun soll **ein erstes ganzes Püppchen** entstehen. Es ist die Nicki-Puppe, die einen durchgängigen Anzug aus Nicki-, Frottee- oder Wollstoff erhält. Neu und wichtig ist bei diesem Kapitel, wie der Körper hergestellt wird.
Wir fertigen aus einem 3 cm breiten, 14 bis 21 cm langen Schlauch ein Köpfchen und besticken es mit Haaren.
Der Körper wird bei allen Puppen in der gleichen Weise hergestellt. Dafür gibt es drei Grundregeln:

1. er ist 1½mal so lang wie der Kopf,
2. er ist nie breiter als der Kopf,
3. er kann durch Innenabnäher rechts und links „Schultern" bekommen. Der Puppenkörper darf keinen „Buckel" aufweisen (siehe Seite 24).

Füllen Sie den herunterhängenden Schlauch fest mit Füllwolle, schlagen die Enden nach innen ein und stecken diese gut fest. Die Wolle muß bis oben zum Hals reichen (es darf kein „Luftloch" entstehen, sonst wackelt der Kopf) (Abb. 1). Nun drücken wir links und rechts des Bauches eine „Innenfurche" hinein und stecken sie mit Stecknadeln fest zusammen (Abb. 2). Drücken Sie mit dem Zeigefinger die obere Wolle etwas nach oberhalb, so daß eine „Schulter" entsteht. Der ringsherum mit Stecknadeln festgesteckte Körper wird mit Zwirn fest zusammengenäht und der Rest des Gesichtslappens ebenfalls auf der „Brust" befestigt. Dadurch erhält der Kopf mehr Halt (Abb. 3).

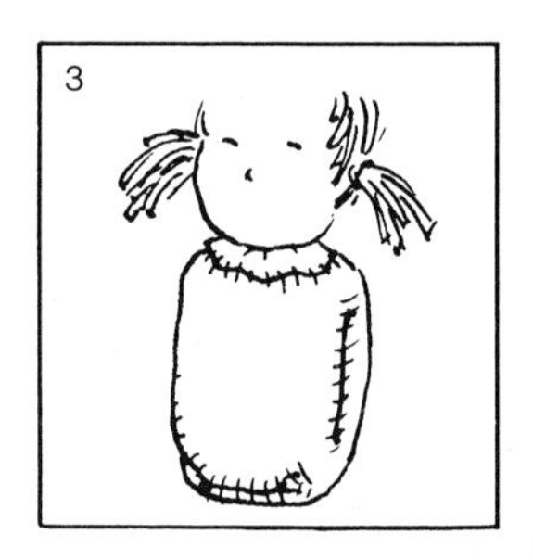

Der Nicki-Anzug (er kann auch aus Wollstoff oder ähnlichen Stoffen hergestellt werden) wird locker mit Wolle gefüllt und bis zum Hals des Püppchens hochgezogen. Der offene Halsrand wird umgebogen, mit kleinen Stichen fest eingekräuselt, zusammengezogen und oberhalb des abgebundenen Halsfadens fest am Köpfchen angenäht. Nun werden von außen die Ärmel ausgestopft, ebenfalls leicht umgeschlagen und eingekräuselt. In diese Öffnung die Hände stecken, die aus einem Stoffquadrat von 6 cm hergestellt und fest an den Unterärmchen angenäht werden (Abb. 4).

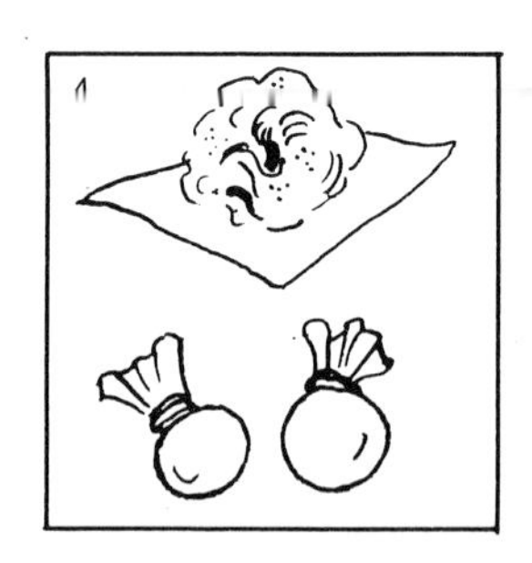

Händchen: Etwas Wolle wird in den Fingern fest zu einer Kugel gerollt, in die Mitte des Stofflappens gelegt und mit festem Garn umbunden. Überstehende Stoffreste werden abgeschnitten. Um der Nicki-Puppe noch ein wenig Form zu geben und die Arme biegsamer zu gestalten, wird ein Kräuselfaden genau unter der Armbeuge fest in das Püppchen hineingenäht und gut befestigt. Das gleiche geschieht mit den Füßchen, die in 2 bis 3 cm Abstand fest eingekräuselt werden. Besonders hübsch sieht solch ein kleines Püppchen mit einem Flügelschürzchen aus. (Schnitte für Anzug, Flügelschürze und Jungenschürze Seite 24).

Kuschel- oder Schlafsackbaby

Dies ist ein kuscheliges, sehr weich gestopftes, kleines Schlafbaby für unsere Kleinsten ab 8 Monaten. Vielfach haben Kleinkinder in ihrem Bettchen eine lange Windel, ein weiches Kissen oder ähnliches, das sie sich vorm Einschlafen vors Gesicht halten und damit herumschmusen. Diesem natürlichen Drang nach etwas Weichem zum Liebhaben kommt unser Püppchen entgegen.
Ich persönlich mag es sehr gern, wenn das Säckchen der Puppe recht weich mit Schafwolle gestopft ist; andere mögen es lieber fest und dick, wie ein richtiges Kissen. Aber das ist Ihnen und dem Bedürfnis Ihrer Kinder überlassen.

Herstellung: Zunächst wird ein weiches Köpfchen aus einem 6 cm breiten Schlauch hergestellt. Eine Nase ist nicht unbedingt nötig. Wenn der **Hals** abgebunden ist, wird das **genähte Oberteil** in der Mitte eingeschnitten, durch den Schlauch gezogen und eng am Kopf angenäht. Aus dem übrigen Schlauch wird ein **weicher Körper** gestopft und an diesen der genähte Strampelsack angekräuselt, den man vorher locker mit Schafwolle ausgestopft hat. Das **Oberteil** wird über den Sack gezogen, angenäht und mit einer Borte oder Litze verziert. Die Händchen werden an den Ärmeln, wie bei der Nicki-Puppe, angekräuselt.

Es empfiehlt sich bei diesem Püppchen, ein Inlet aus einem einfachen Baumwollstoff zu nähen und das **Obersäckchen** 2 cm größer mit einem Band oder Knopf auszustatten, um es reinigen oder waschen zu können. Dadurch wird auch die Schafwolle nicht zu sehr strapaziert. Eine weitere Möglichkeit ist, einen Haaransatz an die Stirn zu stichen und die kleine Haube gut am Kopf zu befestigen. Dadurch ist die „Wollfusselei“ bei kleinen Kindern etwas geringer.

Eine weitere Abwandlung ist, in das Säckchen eine Spieluhr einzunähen und die Kordel durch eine Öffnung heraushängen zu lassen. Die Puppe hat aber dann eine neue Funktion bekommen – und man sollte sich diese Veränderung überlegen.

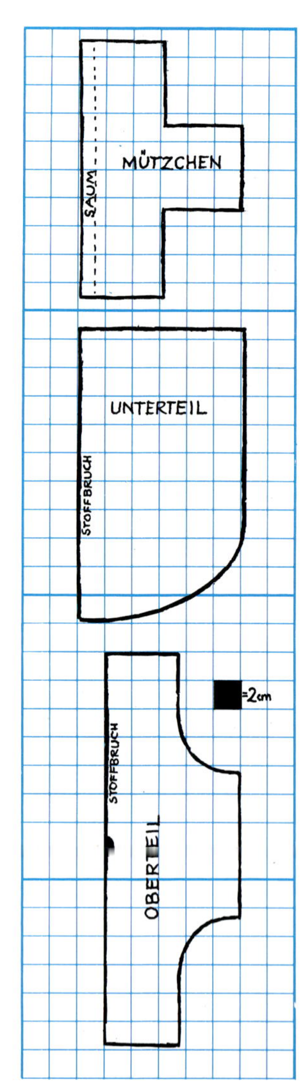

So sehen die Schnittmuster aus:

Diese Schlafpüppchen helfen den Kleinsten beim Einschlafen. Sie haben natürlich keine Beinchen, weil sie ja doch immer ins Bettchen gehören.

Kleinkind-Puppe aus bedrucktem Baumwollstoff und Cord

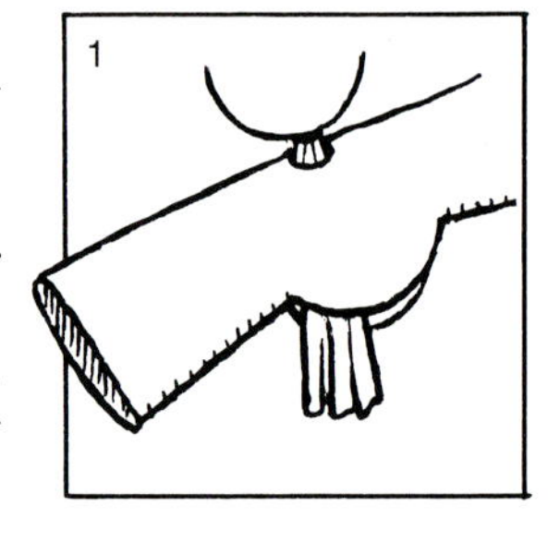

Auf dem nebenstehenden Bild sehen Sie Püppchen, die nach ähnlichem Schnitt gearbeitet wurden, in der Herstellungsart viele Gemeinsamkeiten aufweisen, jedoch vom Aussehen her sehr unterschiedlich sind. Beide Püppchen sind geeignet für Kleinkinder und Babies. Das **Cord-Püppchen** ist etwas „strammer" und handfester. Es kann sogar – bedingt durch die feste Stopfung – allein stehen, während das **Baumwollpüppchen** bewußt weich und kuschelig gestopft wurde und somit eher die Funktion einer Schlaf- und Schmusepuppe erfüllt.

Aus einer Schlauchbinde, Breite 6 cm, wird ein Kopf hergestellt und mit Haaren bestickt. Beim Baumwoll-Püppchen wird nur der Haaransatz mit Schlaufenstich gestickt und dann das Mützchen am Kopf befestigt.

Bitte **keine Mohairwolle** für die Haare nehmen, da sie fusselt und der Puppenkopf leicht mit dem Mund des Babies in Berührung kommt.

Wieder wird das **Oberteil** eingeschnitten (in der Mitte) und eng am Hals angenäht (Abb. 2). Während die Cord-Puppe fest und stramm gestopft wird, bekommt das Baumwollpüppchen einen weichen, lockeren Körper.

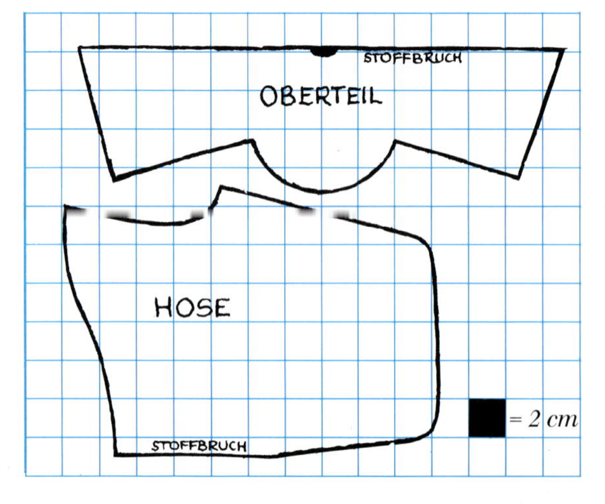

Das zusammengenähte Höschen wird eingekräuselt und der Puppe angezogen. Der Schritt der Hose muß genau auf der Bauchmitte sitzen. Die Hosenfalten werden gleichmäßig um den Umfang der Puppe verteilt und die Hose am Bauch befestigt. **Das Oberteil** wird nun etwas eingeschlagen, heruntergezogen und auf der Hose festgesteckt – anschließend mit kleinen Stichen angenäht.

Arme und Hände werden wie bei der Nicki-Puppe gearbeitet. Die Wolle wird durch die Armlöcher locker gestopft, die Händchen angekräuselt und festgenäht. Den Cord-Püppchen kann man ein Kittelchen oder Schürzchen anziehen.
Ich habe die Erfahrung gemacht, daß diese Puppe der erste richtige **„Liebling“** für ein Kleinkind werden kann. Von vielen Eltern weiß ich, daß durch die einfache, weiche Machart die Bedürfnisse eines Kindes nach Schmusen, Drücken und Liebhaben voll erfüllt werden. Unentbehrlich wurde das Püppchen bei Krankenhausaufenthalten als kleiner „Tröster“.

Gestrickte Puppen

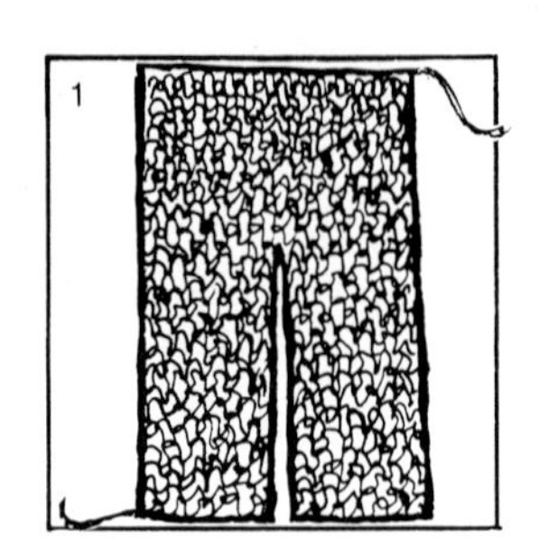

Pippi Langstrumpf: Diese Puppen sind für etwas größere Kinder gedacht, da man sie an- und ausziehen kann. Ihr Rumpf besteht aus einem Strickkörper, der mit der Maschine oder der Hand gestrickt wird und – da in bunten Farben hergestellt – gleichzeitig als Strumpfhose dient (Abb. 1).

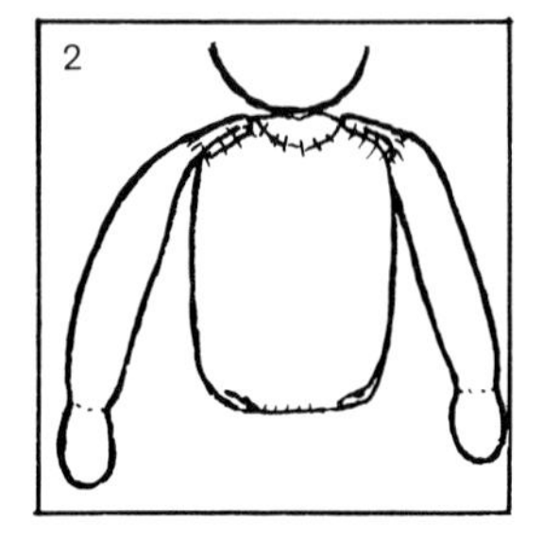

Herstellung: Kopf aus 6 cm breiter und 25 cm langer Schlauchbinde formen, ein freches Stupsnäschen und rote, abstehende Zöpfe gestalten. Dann einen festen Körper (1½ × so lang wie der Kopf) stopfen. Die Arme sind ca. 15 cm lang und 2,5 cm breit. Den Trikot in Längsrichtung nähen und nach dem Zusammennähen fest und gleichmäßig ausstopfen.
Ein 1 cm breites Stück oberhalb des Armes wird freigelassen und rechts und links umgeschlagen. Diese umgeschlagene „Ecke" wird auf die Schulter gesteckt und fest angenäht (Abb. 2). Achten Sie bitte darauf, daß die Arme nicht wie bei einem Verkehrspolizisten abstehen, sondern locker herunterhängen und bis zur Hüfte reichen. Über den Kopf gelegt, reichen sie ungefähr bis zum Scheitelmittelpunkt.

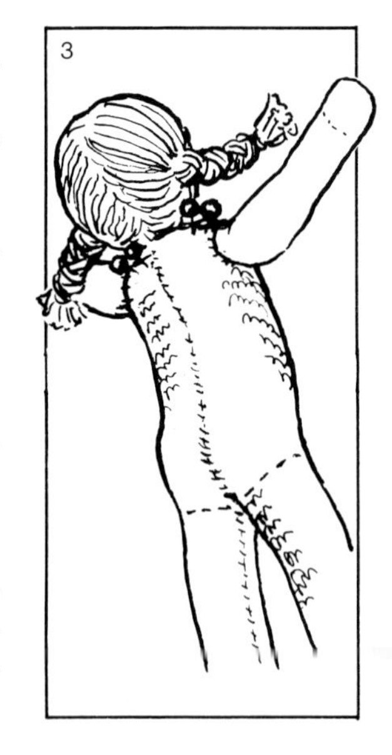

Der Anzug wird bis zum Hals hochgezogen, das Püppchen auf den Bauch gedreht. Zwei „Wollbällchen" stopfen wir als „Pobacken" hinein, bevor wir den Anzug mit einer zweiten Stecknadel an der Mitte des Hinterhalses befestigen. Rechts und links unter den Armen wird der Anzug eingeschlagen, ebenfalls die oberen Enden. Diese werden dann auf der Schulter gegeneinander zusammengezogen und festgesteckt (Abb. 3).
Mit kleinen, festen Stichen wird der Anzug nun ringsherum am Hals und unter den Armen fest angenäht. Man kann zum Schluß mit einem umgelegten (2 cm breiten) Streifen Trikot noch ein „Hälschen" legen und dieses ebenfalls fest annähen. Die Händchen werden mit fast unsichtbaren, kleinen Stichen eingekräuselt, die Füße hochgedrückt und auch fest im Knick angenäht. Um eine größere Beweglichkeit der Beine zu erreichen, werden diese mit einem entsprechenden Wollfaden unterhalb des „Po's" durchgesteppt.
Ein typisches gelbes Pippi-Kleid und die verschiedenfarbigen Strümpfen und Schuhe vervollständigen das Bild dieser kleinen frechen Göre, die in ihrer fröhlichen Kraft und Ursprünglichkeit zum Idealbild unserer Kinder geworden ist.

Die gleiche Machart gilt für sämtliche Strickpuppen, die Sie hier als Pippis Gespielinnen mit den verschiedensten Frisuren und Kleidungsstücken sehen können (Schnitt Seite 32).

Die Heinzelmännchen

(oder besondere Puppen für Jungen, Abb. siehe Seite 25)

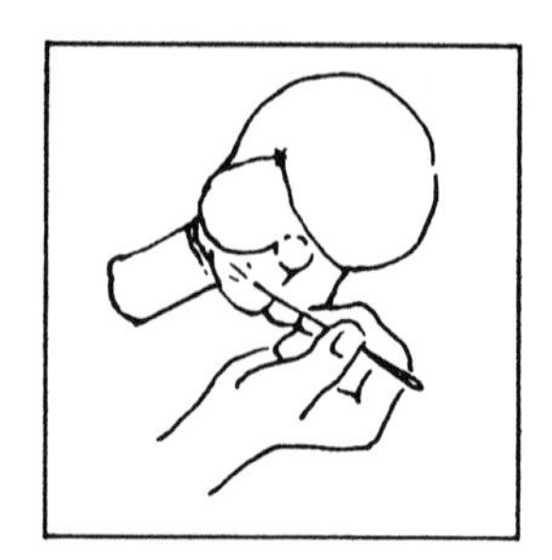

Wie schon im Vorwort erwähnt, gibt es noch immer Erwachsene, die bedauern, daß sie ihren Jungen keine Puppen schenken können.
Im Gespräch kann ich die Mütter meist überzeugen, daß dies ein **altes Vorurteil** ist. Oft sind sie aber eher geneigt, ein Heinzelmännchen oder einen Zwerg für den Jungen zu arbeiten. Hier nun zwei kleine Heinzelmänner, ein bißchen verschmitzt und frech. Das Gesicht wurde durch Abbinden und Nähen der Nase, der Backen und des Mundes in diese Form gebracht. Es würde aber auch genügen, ein Zwergengesicht mit einem einfachen dicken Näschen auszustatten.
Der kleine Wichtel wurde wie die Cord-Puppe – aber aus weichem Nickistoff – gearbeitet. Der größere erhielt einen durchgenähten Jerseyanzug. Sein Kopf wurde aus Schlauchgröße 8 hergestellt. Beide haben einen Haarkranz von Lockenfell, darüber wurde die Mütze genäht, verziert mit einer dicken Schelle. Hier ist die Beschreibung:

Material: Lange spitze Nadel, guter, nichtreißender Zwirn.

1. Einen Kopf aus Schlauchgröße 6 oder 8 herstellen; der Schlauch soll 25 bzw. 32 cm lang sein. Den Kopf nicht zu fest stopfen, damit die Formen besser herausgearbeitet werden können.
2. Zuerst wird nun ein rundes Näschen herausgearbeitet. Den Faden neben dem Nasenflügel vernähen und verknoten, dann bogenförmig am Mundwinkel vorbei nach unten und hinten ziehen bis zum Haaransatz. Durch die Spannung des Fadens entsteht eine Furche, die die runde Form der Wange herausbildet. Faden am Haaransatz vernähen und in derselben Furche zurück zum Anfangspunkt spannen. Von hier waagerecht durch die Nase zum gegenüberliegenden Nasenflügel durchstechen. Auf der anderen Gesichtsseite verfahren Sie ebenso.
Mit einer spitzen Nadel können Sie unter die „Haut" fahren und die Wolle im Bereich der Wangenhügel auflokkern; dadurch treten die Wangen plastischer hervor. Auch das Kinn wird so herausgeholt.
Die Umrisse des Mundes zeichnen Sie vorsichtig mit einem weichen Bleistift vor.

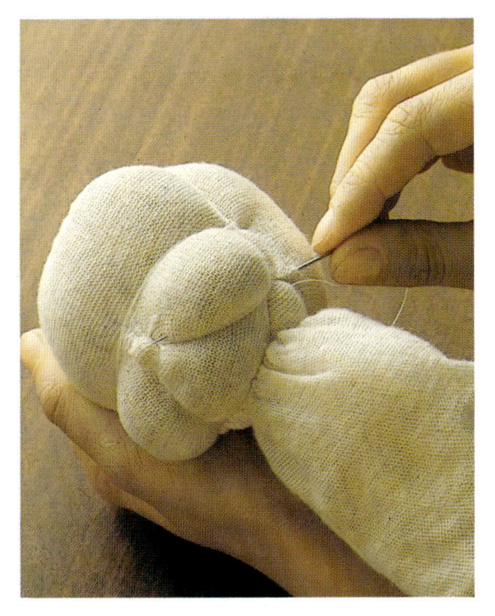

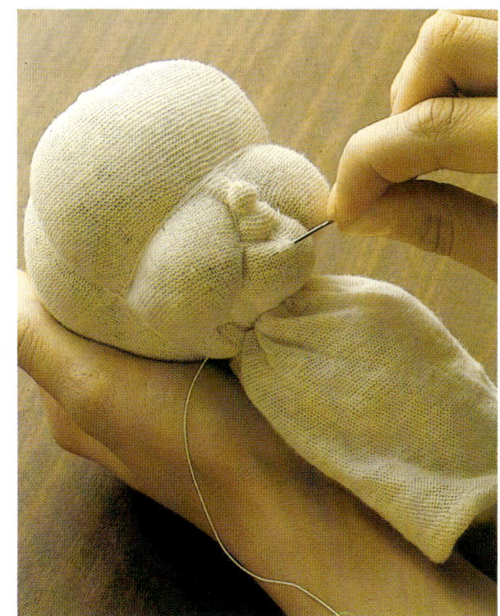

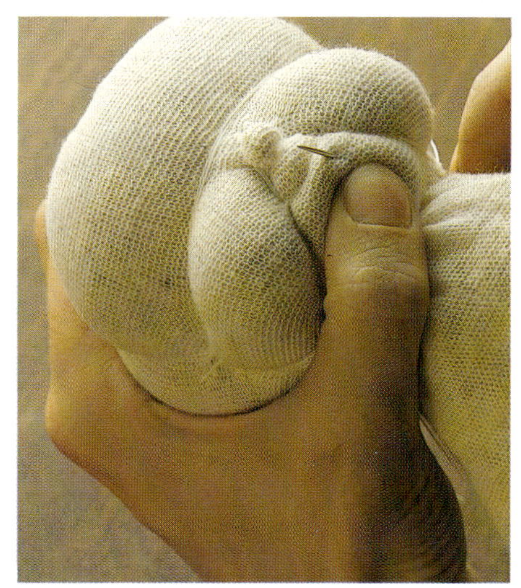

Befestigen Sie den Faden nun an einem Punkt hinter dem Ohr und stechen mit der Nadel in die rechte Ecke des Mundwinkels. Von dort spannen Sie einen geraden Faden bis zur Mitte des Mundes und kommen mit der Nadel auf der gegenüberliegenden Seite heraus. Von hier in den anderen Mundwinkel stechen und wieder den Faden bis zum Mittelpunkt spannen. Mit der Nadel auf der anderen Seite herauskommen. Nicht zu stramm ziehen! Der Mund sieht jetzt wie ein eingezogenes kleines Dreieck aus. Sie streichen die eingezogenen Stellen dünn mit Ponal ein und spannen die „Haut“ (Trikot) darüber. Anschließend sollten Sie mit einer dicken Nadel die Konturen von außen nachplastizieren, bevor Sie mit einem kleinen Stich in die Mundwinkel die Lippen fixieren.

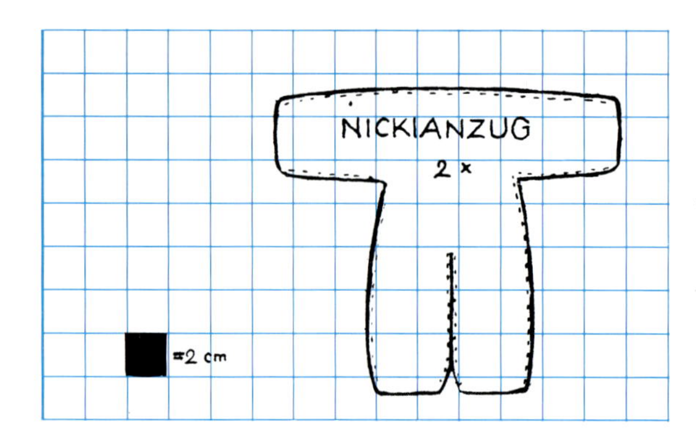

Schnittmuster zum Nicki-Püppchen auf Seite 14

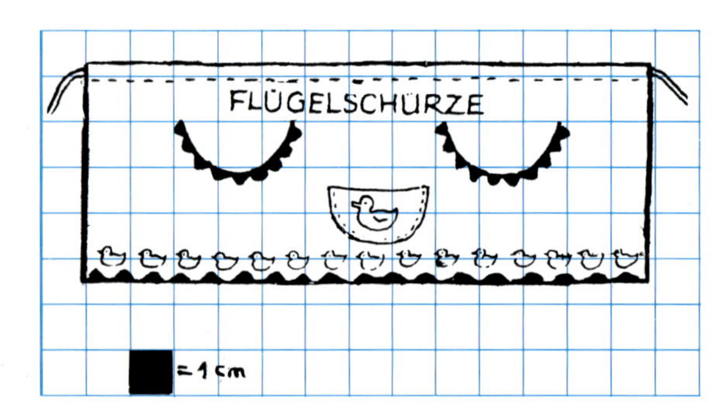

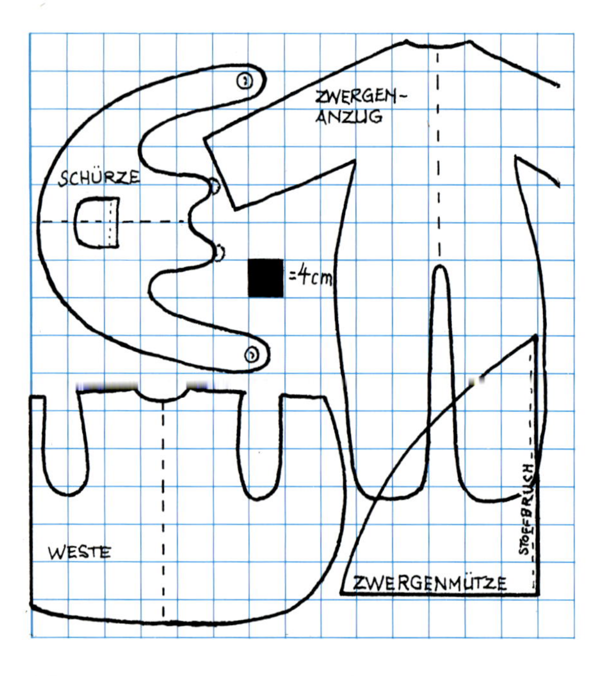

Der kleine Junge ist mit seinen Püppchen glücklich. Und sie dürfen mit ihm Bett, Tisch und Kinderzimmer teilen.

Schneewittchen und die sieben Zwerge

Wir fertigen einen **Kopf** aus einem 6 cm langen Schlauch, besticken ihn mit langen, schwarzen Haaren, arbeiten den Körper wie die Strickpuppe und nennen die Puppe „Schneewittchen". Ein langes weißes Kleid und ein Goldband im Haar machen sie zur Prinzessin. Schneewittchen lebt zwischen vielen Zwergen in einem Holzhaus.

Die Zwerge sind wie Nicki-Puppen gearbeitet, haben aber ein inneres „Drahtgerüst", damit sie beweglich sind. Ihre Bärte sind z.T. mit Schlaufenstich aus Mohairwolle gestickt oder aus verschiedenen Fellresten geklebt und angenäht (Abb. 1). Nachdem Kopf und Körper fertig geworden sind und ein recht knubbeliges **dickes Näschen** dem Gesicht den babyhaften Ausdruck der Nicki-Puppe genommen hat, fertigen wir das „Skelett" an.
1 m Blumendraht wird in der Mitte um das Hälschen gelegt und wie eine Schlaufe verbunden. Nun wickelt man rechts und links **zuerst einen Arm** und vernäht die Seiten am Körper. Danach werden aus dem Endstück **die Beine** gewickelt, unterhalb des Bauches beide Enden zusammengebunden und so vernäht, daß keine spitzen Ecken herausragen (Abb. 2).

Das Drahtgerüst wird mit Schafwolle umlegt und mit Leinengarn umwickelt (Abb. 3). Die Wolle von Armen und Beinen im Bauch mit einigen Stichen befestigen. Zwei „Handläppchen" werden um die Händchen gebunden. Bevor **der Nicki-Anzug** über den Körper gezogen wird, polstern Sie Bauch, Po und Rücken, um alle Unebenheiten auszugleichen. Ärmel- und Halsausschnitt werden mit kleinen Stichen gut befestigt (Abb. 4).
Ein spitzes Mützchen und ein Filzumhang (siehe Schnittzeichnung) geben diesen kleinen Märchengestalten ihr gutmütiges, zwergenhaftes Aussehen (Abb. 5).

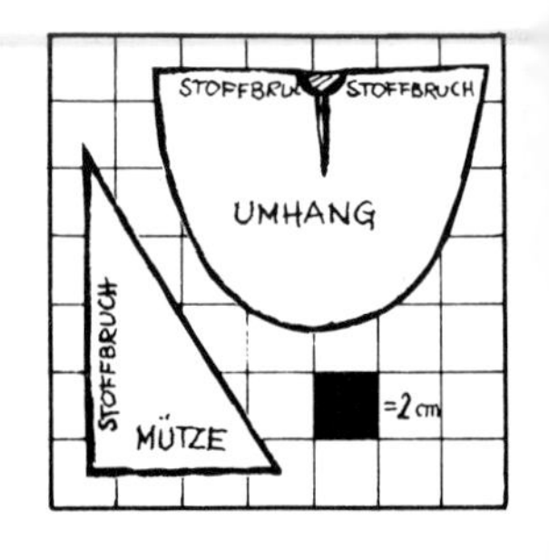

Die Märchengruppe macht Kindern besonders viel Freude; aber auch jeder einzelne Zwerg kann sich die Herzen eines Kindes erobern.

Mini-Baby oder „Däumling" im Taufkleidchen

Jetzt noch eine Anregung für **ein winzig kleines Baby**, das in einem Strampelsack steckt, jedoch bewegliche Arme hat. Aus einem Schlauch, Größe 1, werden ein Köpfchen und ein Körper geformt. Ein 30 cm langer Blumendraht wird um den Hals geschlungen und rechts und links zu **Ärmchen** gebunden (Abb. 1). Die Drahtenden werden abgeknipst. Um die Händchen wird ein Bällchen Schafwolle gewickelt und mit einem 1×1 cm großen Läppchen umwickelt, so daß kleine **„Fäustchen"** entstehen. Nun werden die Drahtärmchen mit Wolle umwickelt und mit festem Faden umbunden. Die Handenden werden eingeschlagen, angekräuselt und an den Fäustchen mit kleinen Stichen angenäht.

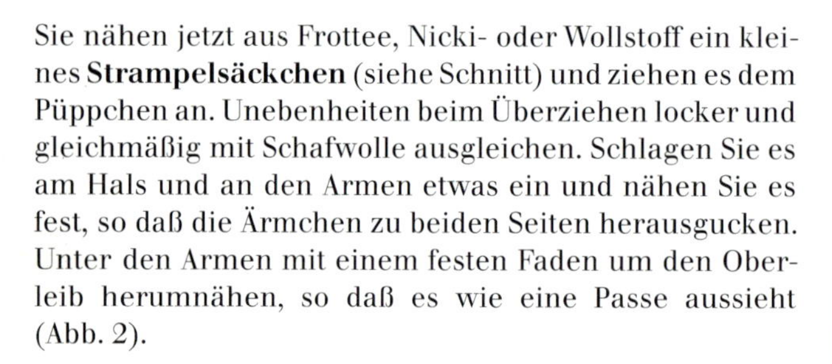

Sie nähen jetzt aus Frottee, Nicki- oder Wollstoff ein kleines **Strampelsäckchen** (siehe Schnitt) und ziehen es dem Püppchen an. Unebenheiten beim Überziehen locker und gleichmäßig mit Schafwolle ausgleichen. Schlagen Sie es am Hals und an den Armen etwas ein und nähen Sie es fest, so daß die Ärmchen zu beiden Seiten herausgucken. Unter den Armen mit einem festen Faden um den Oberleib herumnähen, so daß es wie eine Passe aussieht (Abb. 2).

Zum Schluß kann das Baby mit bunten Bändern oder Borten wie ein „Wickelbaby" verziert oder mit einem Taufkleidchen aus einem Spitzenrest und mit Häubchen besonders niedlich angezogen werden (Abb. 4).

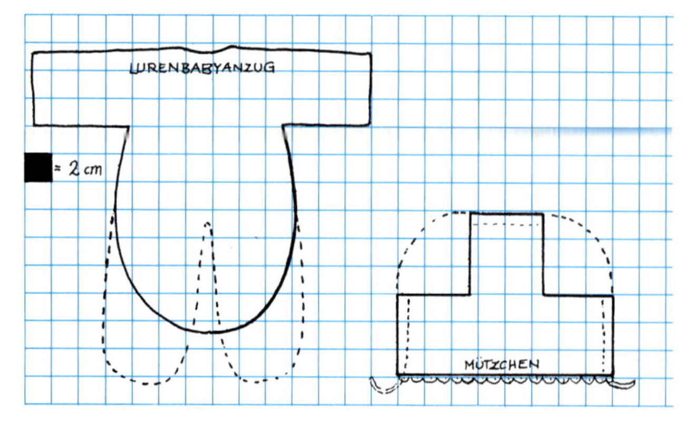

Etwas Besonderes sind diese Püppchen in Taufkleidern. Nicht nur für kleine Mädchen und Jungen ist so ein Däumling ein süßes Geschenk. Er ist auch eine Freude für junge Mütter.

Puppenkinder aus verschiedenen Ländern

In den vergangenen Kapiteln habe ich Ihnen verschiedene Puppen vorgestellt. Diese kann man natürlich genausogut als Negerlein, Japaner, Eskimo usw. gestalten.

Beim **Eskimo** und **Japaner** sind die Augen mit einem längeren Stich etwas schräger gestickt worden. Für **Negerhaare** eignet sich am besten ein kuscheliges Fell oder der „Lockenstich".

Es wäre möglich, beim **Negerlein** die Form der dikkeren Lippen durch das Abnähen herauszuarbeiten, wie ich es beim Kapitel Heinzelmännchen beschrieben habe. Der Rumpf des Negerleins wird aus einem Stück Trikot genäht.

Das **Anmalen des Gesichtes** dauert etwas länger, da Augen und Mund mehrmals erst mit Weiß grundiert werden, damit die schwarze Augenfarbe und das Rot des Mundes auf dem schwarzen Trikot besser zur Geltung kommen.

Sonst aber gestaltet sich die Herstellung dieser Puppen ähnlich wie die der Strickpuppen.

Am hübschesten aber sind die kleinen Neger, die nur aus Trikot genäht werden. **Achten Sie beim Ausstopfen** der Beine und Arme darauf, daß Sie nicht zu fest stopfen, da sich der Trikot sehr dehnt. Man könnte aber auch festeren Trikot oder dunklen Jerseystoff verwenden, sollte vorher allerdings – unter Berücksichtigung des Schnittes – die Dehnbarkeit ausprobieren.

Es ist für eine Puppenbastlerin reizvoll, ein fremdländisches Puppenkind anzuziehen.
Außerdem halte ich es auch für pädagogisch sinnvoll, daß unsere Kinder neben ihren „weißen" kleinen Spielgefährten die „farbigen" in ihr Spiel einbeziehen, um schon im frühen Kindesalter zu mehr Toleranz anderen Völkern gegenüber zu gelangen.

Eine lustige, bunt gewürfelte Gesellschaft. Und eine Völkerverständigung schon bei den Kleinen.

Schlußwort

Nun sind wir am Ende des kleinen Puppenbastelbuches angelangt, und ich hoffe, daß Sie Freude und Lust am Puppenmachen bekommen haben, um nun selbst Ihre Puppen zu gestalten und mit Liebe und Phantasie neue Möglichkeiten zu entwickeln.
Sie werden feststellen, daß etwas von Ihrem eigenen Wesen in den von Ihnen gebastelten Puppen zum Ausdruck kommt. Dadurch wird es immer individuell gestaltete Puppenkinder geben, die ihre Funktion erfüllen können, den Kindern Freude zu geben und ihrem Liebe- und Zärtlichkeitsbedürfnis gerecht zu werden.

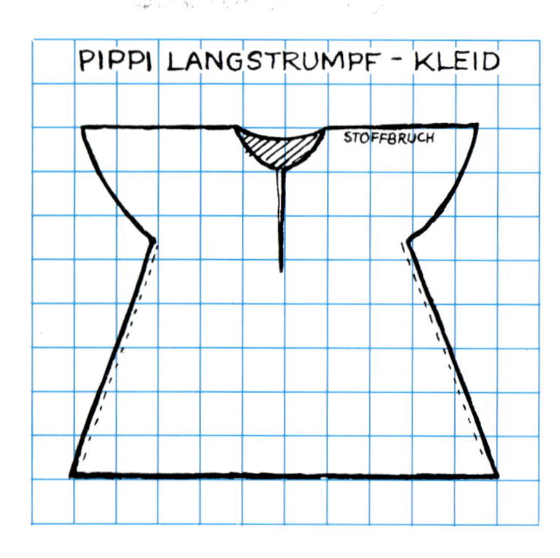

(Beschreibung siehe Seite 20)

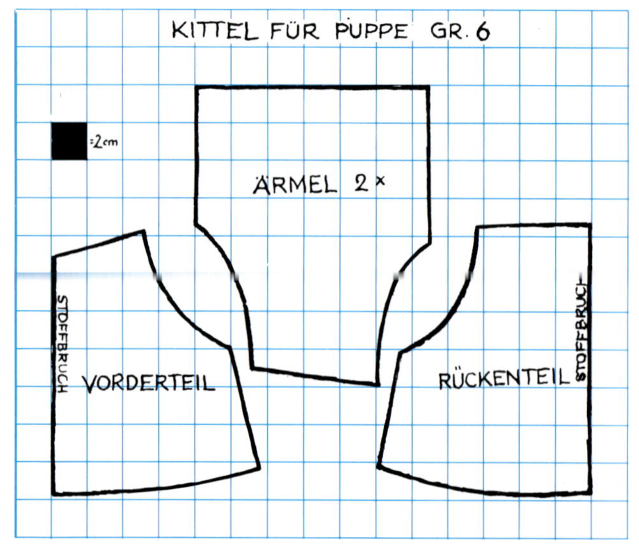